'SHEEP MAY SAFELY GRAZE'

Transcribed for Piano Duet by
MARY HOWE

J. S. BACH

cresc.poco
f allarg.
f allarg.
Andante pastorale
p con Ped.
Andante pastorale
p con Ped.
ben cantando
ben cantando

pp
mf
dim. p
p esp.
dolce
cresc.
mp
mp
p
dim.
pp
p
canto
mf
dim.
pp
p
mp
canto
mp
poco f
ma tranq.
dim.
pp
p
pp
poco f
ma tranq.
dim.
p
mp
canto

poco cresc.
céder un peu
pp
p
mf
tr
poco cresc.
dim.
cresc.
5
mp
f
8

dim.
dim.
cantando
cantando
cantando
esp.
poco cresc.
dolce
poco

dim.
canto
poco cresc.
canto
poco sfz
poco rall.
rall. molto
R.H.
L.H.
rall. poco
canto con esp.
a tempo
poco

p dim.
dolce canto esp.
cresc.
cantabile
rall.

OXFORD UNIVERSITY PRESS